Filha Da Fé

Filha Da Fé

ALDIVAN TORRES

Canary Of Joy

Contents

1

"Filha Da Fé"
Aldivan Torres
Filha Da Fé

Por: Aldivan Torres
©2020- Aldivan Torres
Todos os direitos reservados.

Este livro, incluindo todas as suas partes, é protegido por Copyright e não pode ser reproduzido sem a permissão do autor, revendido ou transferido.

Aldivan Torres, nascido em Brasil, é um escritor consolidado em vários gêneros. Até agora, os títulos foram publicados em dezenas de idiomas. Desde tenra idade, ele sempre foi um amante da arte de escrever, tendo consolidado uma carreira profissional a partir do segundo semestre de 2013. Ele espera, com seus escritos, contribuir para a cultura internacional, despertando o prazer de ler naqueles que não têm o hábito. Sua missão é conquistar o coração de cada um de seus leitores. Além da literatura, suas principais diversões são música, viagens, amigos, família e o prazer da própria vida. "Pela literatura, igualdade, fraternidade, justiça, dignidade e honra do ser humano sempre" é o seu lema.

Dedicatória e Agradecimentos

Dedico esta obra a minha mãe, a minha família, a meus leitores, a meus seguidores e admiradores. Eu não seria nada sem vocês. Especialmente dedico este trabalho a todos que sofreram os horrores do Holocausto.

Agradeço a Deus em primeiro lugar, a meus parentes e a mim mesmo por ter sempre acreditado em meu potencial. Eu ainda vou chegar mais longe.

O Autor

"Em seu coração o homem planeja o seu caminho, mas o Senhor determina os seus passos."

Conteúdo do Livro

Cozinha

Filha da fé 2

Campo- lago

Episódio 4

Filha da fé 5

Banheiro

Filha da fé 6

Agência de viagens

Sala de escritório

Escola

Um Mês depois

Filha da fé 8

Expulsão de casa

Casa do namorado

Filha da fé 9

Encontro com o diretor

Biblioteca

Com o marido

Filha da fé episódio 10

Cozinha

Mãe
Bom dia, minha filha. Dormiu bem?

Maria
Mais ou menos, mãe. A lembrança do papai não me sai da cabeça.

Mãe
Meu Deus! Como você é idiota. Você ainda lembra daquele traste maldito que nos abandonou sem nenhuma consideração. Tome meu conselho e esqueça ele para sempre.

Maria
Não consigo esquecer, mãe. Ele era tão carinhoso comigo. Por favor, sabe de alguma notícia dele?

Mãe
Sim. Chegou uma carta semana passada. Ele está morando em são Paulo. Segundo informações, está trabalhando e morando com outra mulher. Ele mandou também dinheiro para ajudar em suas despesas, mas eu não aceitei. Não quero nada daquele homem. Quero apenas distância.

Maria
Entendo seu ponto de vista, minha mãe. Obrigado pela informação. Peço também que respeite meu sentimento de filha. A separação era realmente necessária. Vocês não se entendiam mais e viviam um inferno diário. Quando o amor acaba, não há nada que podemos fazer.

Mãe
Eu vou respeitar sua decisão. Não sei se um dia esquecerei de tudo isso. Está ainda muito recente.

Maria
Com certeza, você vai superar. O tempo cura tudo. Também

fiquei magoada com meu pai. Mas passado seis meses de separação, há um misto de saudade e inquietude.

Mãe

Isso é normal. Você é filha dele. Porém, peço que esqueçamos um pouco do passado. Vamos viver o presente e construir a nossa história. Nós precisamos viver e sobreviver.

Maria

Faremos isso. Vamos para roça cuidar do roçado?

Mãe

Vamos sim. Está na hora.

Caminho da roça- trilha

Filha

Mãe, o que devo fazer para me tornar uma boa mulher?

Mãe

Você já é uma boa mulher. Mantenha os valores de honestidade, integridade e idoneidade. Nós somos o que acreditamos.

Filha

Está bem. Farei isso. Mas como posso melhorar de vida? A vida no campo é tão difícil.

Mãe

Trabalho e estudo. Não há outra alternativa para o pobre. Qual é seu sonho?

Filha

Não tenho certeza ainda. Só quero me formar o mais rápido possível e trabalhar em alguma coisa.

Mãe

Entendo. Eu vou te apoiar o tempo inteiro. Eu acredito no seu potencial.

Filha

Também acredito no meu talento. Mas as coisas são tão difíceis

Mãe.

Como assim? Poderia explicar melhor?

Filha

Além das dificuldades financeiras, sou alvo de chacotas entre meus colegas por ser mulher e negra.

Mãe

Meu Deus! Que coisa terrível. Mas não desista, filha. Ignore esses seres de trevas. Estude com dedicação e não se importe com as críticas. Você é uma mulher poderosa e cheia de talentos. Você é meu orgulho.

Filha

Obrigado por me apoiar. Seguirei todos seus conselhos. Sei que estou no rumo certo.

Mãe

Creia nisso. Pelo seu otimismo contagiante, vou te nomear como: "Filha da fé".

Filha

É um nome lindo. Honrarei esse nome onde quer que eu esteja. Eu vou vencer!

Mãe

Assim seja, minha filha!

Roça

Mãe

Está cansada, Filha? Podemos parar, se quiser.

Filha

Sim, estou bem cansada. Mamãe, eu estava aqui pensando. Já são longos anos no trabalho como agricultora. É um trabalho nobre, mas bastante cansativo. Será que um dia esse panorama muda?

Mãe

Só depende dos seus esforços, filha. Ainda quero vê-la no mais alto degrau da classe social. Sei que não esquecerá dos pobres.

Filha

Verdade. Nunca esquecerei da minha essência e das minhas origens. Sou broto deste sertão de meu Deus. Um lugar esquecido pelas elites e pelos políticos.

Mãe

Tenho muito orgulho de você. Você é o anjo que Deus enviou para minha casa. Antes disso, minha vida era vazia. Você é nossa esperança. Eu quero realizar meus sonhos através de você. Foram tantos sonhos que deixei para trás.

Filha

Quais eram seus sonhos, mãe?

Mãe

Eu sonhava em ser bailarina e atriz. Mas isso era uma grande bobagem na minha infância. Vivíamos uma situação de miserabilidade humana e éramos proibidas até de estudar. Eram tempos de sofrimento e de trevas. Cresci decidida a não repetir a mesma história com meus filhos. Os sonhos duma pessoa são sagrados. São eles que nos movem na labuta cotidiana. Esse sentimento de fé e esperança é o que nos mantém vivas. Tenho orgulho de meus sonhos apesar de não ter tido a chance de realiza-los. Eu vou sempre apoiar as pessoas em busca de seus objetivos.

Filha

É verdadeiramente uma pena, minha mãe. Diante da senhora, faço aqui uma promessa: Se eu me tornar uma grande mulher, irei ajudá-la a realizar seus sonhos. Os sonhos nunca morrem. Enquanto há vida, há esperança.

Mãe

Eu te agradeço. Mas não se preocupe comigo. Continue focada em seus objetivos que Deus vai te abençoar. Confie no todo poderoso. Ele sabe de todas as coisas.

Filha

Tenho total confiança em Deus e em mim mesma. Não sei quando vai acontecer, mas permanecerei concentrada. Enquanto isso, vou vivendo o momento presente. A vida é sempre uma caixinha de surpresas.

Mãe

Verdade. Nada é estático. Haverá vitórias e fracassos. Temos que aprender com cada situação e evoluir. O segredo é fazer o bem sempre.

Filha

Sim, sempre sigo os mandamentos divinos. Isso me traz paz em meio a tantas dificuldades. Na minha vida diária, resumo meus valores éticos em dois: Amar a Deus sobre todas as coisas e ao próximo como a ti mesmo.

Mãe

Você é um belo exemplo para os jovens da atualidade. O que vemos são jovens despreocupados, desrespeitosos com os pais, desobedientes e desorientados. Você é uma exceção num mundo cada vez mais pervertido.

Filha

Obrigada, mamãe. Aprendi com a senhora. Vou permanecer assim durante toda a minha vida. Aconteça o que acontecer, eu serei sempre honesta.

Mãe

Que bom, filha. Já trabalhamos bastante hoje. Vamos para casa?

Filha

Sim. Vamos voltar para casa. Lá é nosso lugar mais feliz apesar de ser bem humilde.

Mãe

Concordo. A nossa casa é o melhor lugar de ficarmos.

Filha da fé 2

Cozinha

Filha

A comida estava uma delícia. Foi muito bom estar contigo, mamãe.

Mãe

Obrigada, filha. Acho que as refeições são sagradas e fortalecem os vínculos familiares. Estou me sentindo muito bem após um dia de labuta. Parece que todo estresse acabou.

Filha

Também me sinto tranquila, mamãe. Eu fico mais feliz e descansada. As forças e as esperanças se renovam.

Mãe

Que bom. Está tudo bem com você? Quer contar alguma coisa?

Filha

Ainda bem que você tomou a iniciativa. Você é minha mãe e minha melhor amiga. Sei que posso desabafar contigo.

Mãe

Claro que sim, filha. Estou pronta para ouvir.

Filha

Eu já tive três namorados. Cada um deles me decepcionou. O primeiro era um drogado, que não trabalhava e não respeitava a própria mãe.

Mãe

Por que você se enganou, filha?

Filha
Você conhece os homens. Eles são uns dissimulados. Ele inventou uma história e acabei acreditando. Quando eu fui conhece-lo de verdade, eu já estava envolvida. Mesmo assim, isso não foi impedimento para eu acabar o namoro.

Mãe
Que sorte, filha. Não se pode confiar nesse tipo de homem.

Filha
Eu acrescento: Não se pode confiar em nenhum homem. O meu segundo namorado era um esportista. Por causa dele, tive que comparecer aos jogos nos estádios para poder torcer por ele. Eu realmente odiava tudo isso, mas precisava agradar meu amor. Foram meses de dedicação a um amor não correspondido. Descobri que ele mantinha um caso com um garoto do mesmo time. Foi uma grande decepção. Eu fui trocada por um homem e tive a sensação de que eu era a pior das mulheres. O pior de tudo isso foram os comentários das minhas amigas. Disseram que eu era culpada pela traição. Embasaram esta afirmação no fato de que eu o deixava muito livre. Ao invés de ser classificada como vítima, fui classificada como réu por ser mulher. Que sina triste.

Mãe
É realmente triste. Mas esta é a face de nossa sociedade machista. Os homens tem todos os direitos enquanto nós só temos deveres. Isso é realmente revoltante. Por isso me separei do seu pai.

Filha
Compreendo sua dor, mãe. Ainda não satisfeita com que eu tinha sofrido, arranjei meu terceiro namorado. Era um cowboy muito lindo e rico. Eu me encantei à primeira vista com ele. Passamos seis meses juntos. Até que um dia cheguei atrasada num encontro com ele e aconteceu o pior. Ele foi tão rude comigo que quase desmaiei. Eu fui xingada com as piores palavras só porque me atrasei. Foi um grande trauma para mim. Eu odeio homens rudes. Eu quero um homem carinhoso e compreensivo. Alguém que me ame de verdade. Será que existe isso ainda? A sociedade está tão transformada. Atualmente, vivemos num mundo competitivo e globalizado. Um mundo em que o egocentrismo e a tec-

nologia dominam. Um mundo em que sexo casual se tornou mais importante do que namorar. É tão triste constatar que o amor nos dias de hoje é raro. Encontrar um amor de verdade é mais difícil do que ganhar na loteria. Não sei o que eu faço. A minha vontade é mandar todos para o inferno e viver minha vida sozinha. Mas ainda não sou independente. Ainda não tenho trabalho nem terminei meus estudos. Acho que quando eu conseguir esse primeiro objetivo, talvez eu tenha outro ponto de vista sobre a vida. Mas por enquanto as coisas estão num ritmo lento e difíceis.

Mãe

Você é feliz, minha filha? O que te falta?

Filha

Sim, sou feliz. Eu amo morar com a senhora, trabalhar como agricultora e estudar. Mas a cada dia que acordo, as esperanças se renovam. Eu quero vencer na vida, mamãe. Eu quero ser uma profissional respeitável, ganhar muito dinheiro e ter um parceiro. Eu quero ser completamente realizada.

Mãe

Você terá tudo isso, pode ter certeza. Porém, as coisas não são como planejamos. Somente Deus conhece o dia da nossa vitória. É preciso paciência, engajamento nos projetos, honestidade e amor naquilo que faz. Eu acredito em você. Você é uma garota muito boa. Deus há de preparar coisas boas para você.

Filha

Tomara, minha mãe. Rezo todo dia a Deus para que ele me abençoe nesse caminho.

Mãe

Ele vai te ouvir. Agora, preciso dum favor seu. Estamos sem água. Poderia ir no lago e pegar água?

Filha

Claro que sim. Vou agora mesmo. Prometo que venho o mais rápido possível.

Mãe

Obrigada. Você é uma filha exemplar.

Campo- lago

Adan
Oi, Maria. Está indo para onde?
Maria
Vou pegar água para minha mãe.
Adan
Que legal de vossa parte. Posso acompanha-la?
Maria
Claro, você é meu amigo. Será uma honra.
Lago
Adan
Maria, tenho prestado atenção em você na sala de aula. Você me parece triste e pensativa. Está acontecendo alguma coisa?
Maria
São problemas pessoais. Não quero te atormentar com minhas coisas.
Adan
Sem problemas. Pode confiar em mim. Eu sou seu amigo. Nunca esqueça disso. O que está acontecendo?
Maria
São algumas grosserias que me chateiam às vezes. Muitos dali só vão atrapalhar quem realmente estuda.
Adan
Concordo. Mas não se preocupe com isso. Isso é normal numa sala de aula. Concentre-se no seu objetivo e esqueça os outros. Você é maior do que eles.
Maria
Muito obrigada pelo conselho. Eu gosto de ser sua colega de classe. Você é muito gentil.
Adan
Pode contar comigo para o que quiser. Eu admiro pessoas esforçadas como você. Isso me motiva muito. Nossa região é muito carente. É preciso muita força e coragem para que não desistamos.
Maria

Verdade. Lute você também. Os estudos podem transformar nossa trajetória.

Adan

Está bem, amiga. Prometo que não vou desistir.

Episódio 3- filha da fé

Lavando roupa no rio

Idosa

Estou velha e sem forças. No entanto, continuo lavando roupas. Que destino ingrato, meu Deus!

Maria

Não se aflija! Pense em toda experiência que acumulou ao longo dos anos. Pense no lado positivo da vida.

Idosa

Vocês jovens são muito otimistas. Eu admiro sua disposição. Mas isso não funciona para mim. Eu já passei por muito sofrimento e por isso deixei de acreditar.

Maria

Entendo. Cada um tem sua história. Espero ser feliz na minha trajetória.

Idosa

Espero que seja, garota. Olha, você está de parabéns. Ouvi falar que você é uma das alunas mais dedicadas do povoado.

Maria

Sim, eu me esforço muito. Quero um dia ter uma formação e ajudar minha família.

Idosa

Muito bem. Continue na luta. Que carreira quer seguir?

Maria

Eu admiro várias áreas. Admiro o trabalho dos policiais, médicos e dos juízes. Acho que vou escolher uma destas áreas.

Idosa

Não quero desanimar você, mas estas áreas são muito difíceis dum pobre cursar. São áreas muito concorridas.

Maria

Não há problema. Eu adoro enfrentar desafios gigantes. Confio no Deus do impossível. Ele pode realizar por mim.

Idosa

Você é uma grande mulher. Eu te admiro muito.

Maria

Obrigada. Preciso dum conselho seu. Que cuidados devo ter para evitar maiores sofrimentos na vida?

Idosa

Não sei se há uma maneira de evitar sofrimentos. Acho que o que tem de acontecer, acontece. Mas em se tratando de sucesso na vida, o importante é ser precavida, ter garra, coragem e fé. Nós podemos transformar qualquer coisa através de nossas ações.

Maria

Entendi. Vou seguir seu conselho. Vou agir ao invés de esperar. Vou planejar e ter paciência. Espero que dê certo.

Idosa

Estou torcendo por você. Eu fracassei nos meus sonhos, mas isto não quer dizer que vai acontecer o mesmo com você. Cada um tem sua própria história.

Maria

Lamento muito. Mas um dos fatores que te prejudicaram foi ter permanecido nessa região. Aqui não há possibilidade de sucesso. Nós somos um dos maiores bolsões de miséria do mundo.

Idosa

Boa análise. Nossa região está estagnada economicamente. Dentre os principais fatores disso estão a seca, a corrupção e a falta de investimentos.

Maria

Será que um dia isso muda? Meu desejo era ver um nordeste brasileiro forte e pujante. Um lugar que fosse desenvolvido economicamente de modo que seus filhos não precisassem emigrar para o sudeste do país.

Idosa

Não se sabe. Talvez demore muito tempo para que isso aconteça.

Não é interesse das elites que o Nordeste esteja desenvolvido. Lembre-se que na sociedade os pobres é quem financia os luxos dos ricos.

Maria

Verdade. É assim que funciona o capitalismo. Para mudar isso, era preciso uma inversão total de valores. Não estamos preparados para isso. É mais cômodo para os ricos que a situação fique como está.

Idosa

Verdade. São eles que controlam o estado. Isso aumenta a desigualdade cada vez mais.

Maria

Boa observação. Está na hora de irmos embora. Já terminamos o trabalho e preciso estudar para um teste.

Idosa

Verdade. Bem lembrado. Avisarei minha neta para que estude com você. Ela também precisa tirar boas notas.

Maria

Está bem! Estarei esperando por ela. Será uma honra compartilhar esse bom momento.

Terraço- estudando em casa

Colega

Foi uma ótima tarde de estudos. Não sei como agradecer sua ajuda. Você foi muito gentil.

Filha

Não precisa agradecer. Também foi proveitoso para mim. Espero que tenhamos êxito.

Colega

Isso já é certo. Somos muito inteligentes.

Filha

Que assim seja.

Colega

Falta pouco para terminar as aulas. O que pretende fazer depois disto?

Filha

Não tenho certeza. Meu desejo é não parar os estudos. Eu quero me formar e ajudar minha família. E Você?

Colega

Eu quero casar. Meu namorado é rico e pode me sustentar. Mas acho sua atitude muito corajosa e louvável. Uma mulher independente é sempre respeitada.

Filha

Obrigada. Como posso continuar meus estudos? Tenho tantas dúvidas.

Colega

Vá morar numa grande cidade. As oportunidades são melhores de você cursar sua faculdade de preferência. Não tenha medo. Sua família vai entender.

Filha

Acho que você tem razão. Apesar de eu amar meu sertão nordestino, eu não tenho nenhuma chance aqui. Não temos infraestrutura nem oportunidades. Eu acho que essa é a única solução.

Colega

Pode acreditar nisso, amiga. Nada é difícil para quem luta. No entanto, é necessário planejar bem. Tente arranjar um trabalho para custear suas despesas. Na cidade grande, tudo é muito caro.

Filha

Sim. Pensarei em todos os detalhes. Eu tenho parentes que moram em são Paulo. Talvez eles me ajudem na adaptação a essa nova vida.

Colega

Sempre é bom ter aliados. Apesar de tudo, creio que não será nada fácil. É um mundo completamente diferente e perigoso. Eu conheço são Paulo. Passeis as últimas férias lá.

Filha

Imagino. Se eu quiser vencer, terei que superar todas as dificuldades. Vou até o fim do mundo atrás do meu sonho e seja o que Deus quiser.

Colega

É assim que se fala, amiga. Sabe que te admiro muito? Você é um exemplo de dedicação e luta. Uma moça honesta e de valores. Sua fama se espalhou por toda a região. Continue firme em seus sonhos e não se preocupe com o tempo. Ele é seu aliado nesse momento.

Filha

Também te admiro. Aliás todos os sertanejos merecem nossa consideração. Somos um povo sofrido e batalhador. Acreditamos num mundo melhor apesar de todas as dificuldades que enfrentamos. O sertanejo é um forte.

Colega

Sim. Já somos vencedoras. Até logo! Boa sorte na prova!

Filha

Tenha uma boa sorte também!

Episódio 4

Sala

Filha

Mamãe, tenho uma notícia para dar!

Mamãe

O que foi, filha? Assim você me deixa ansiosa.

Filha

Eu fui aprovada em todos os testes. Eu agora me formei no colegial.

Mamãe

Que maravilha! Estou orgulhosa de você. Quais são seus próximos planos?

Filha

É nesse ponto que eu queria chegar. Pretendo ir embora para o sudeste do país. Quero arranjar trabalho e cursar a faculdade dos meus sonhos. Quero ser um dia uma juíza, para defender a causa dos pobres.

Mamãe

Compreendo! É uma grande dor para uma mãe ver sua filha ir embora. Mas você tem razão. Na situação em que o nordeste brasileiro se encontra, não há esperança de sucesso. Eu apoio sua decisão.

Filha

Fico feliz em ter seu apoio. Era tudo o que precisava nesse momento difícil. Eu amo meu Nordeste. Nasci aqui com muito orgulho e sempre lutei para o bem de todos. Especialmente nesse momento em que vivemos uma grande seca. O cenário é terrível até para os mais otimistas. Está faltando água, os animais estão morrendo e muitos estão embora na tentativa de sobreviver. Estamos vivendo um grande caos sem solução. Culpa do mau planejamento e da falta de incentivo estatal. Estamos totalmente abandonados e sem rumo.

Mamãe

Verdade, filha. Obrigada pelo seu empenho. É realmente uma pena você ter que se mudar. Você fará muita falta na vida de todos, especialmente na minha vida.

Filha

Sei disso, mamãe. Também sentirei a falta de todos. Mas a vida nos exige decisões. Espero estar acertando nas minhas escolhas desta vez.

Mamãe

Tomara, filha. Te desejo toda sorte do mundo. Você é merecedora do sucesso.

Filha

Muito obrigada. Eu te amo muito.

Mamãe

Também te amo, filha.

Rodoviária

Mulher

Você parece meio tristonha, garota. O que está acontecendo?

Maria

É muito difícil deixar toda minha história de vida para trás. Estou me mudando definitivamente para são Paulo em busca do meu sonho. Isso é um pouco traumático.

Mulher

Isso é normal. Mas se seu sonho é mais importante, vai valer a pena. Pense apenas no futuro. Pense nas coisas boas que vai conhecer e experimentar. Cada conquista é um novo aprendizado. Tenha muito ânimo.

Maria

Vou me esforçar. E a senhora? O que vai buscar em são Paulo?

Mulher

Vou reencontrar meus filhos. Faz dez anos que eles se separaram de mim e nunca mais os vi. Eles foram embora por falta de oportunidades de trabalho. Eles queriam casar, formar uma família e ter sua renda. Infelizmente, o nordeste brasileiro não nos proporciona meios de sobrevivência.

Maria

Verdade. Vai ser um acontecimento incrível. Eu imagino a emoção de reencontrar a família depois de tanto tempo.

Mulher

Vai ser muito lindo. Eu era muito unida com meus filhos. Até os dias de hoje, nos falamos todos os dias por telefone. As saudades deles são imensas.

Maria

Muito legal. É uma história realmente encantadora.

Mulher

Agora, conte-me um pouco de sua história. De onde vem, qual sua profissão e o que vai buscar em são Paulo?

Maria

Venho do sítio esperança. Lá, eu morava com minha mãe e trabalhava como agricultora. Vou para são Paulo em busca do meu maior sonho: Arranjar um trabalho e cursar a faculdade que eu desejo. Eu sou uma pessoa muito humilde. Minha mãe me ensinou desde cedo o valor dos estudos. Esta é a única alternativa do pobre melhorar sua vida.

Mulher

Concordo. Estudar é algo que transforma vidas. Veja o exemplo dos meus três filhos. Todos saíram do nordeste analfabetos e chegando em são Paulo começaram a estudar. Hoje eles são médico, engenheiro e empresário. Todos são bem sucedidos em suas áreas. Está vendo? Nada é impossível quando lutamos por aquilo que queremos. Por isso, meu conselho é: batalhe pela sua meta. Mais cedo ou mais tarde, você se torna um grande vencedor.

Maria

Obrigada pelas suas palavras de encorajamento. Era tudo que eu precisava nesse momento. Deixar meu amado estado de Pernambuco é realmente doloroso. Saber que terei que enfrentar uma realidade totalmente diferente na capital paulista, um lugar perigoso e totalmente desconhecido, provoca muita ansiedade e calafrios. É realmente uma aventura digna de filme.

Mulher

Como no filme, a vida tem grandes desafios. Eu também fui muito pobre. Eu me casei muito jovem com o amor da minha vida. Como meus pais eram contra, tive que fugir. O início do relacionamento foi muito difícil devido à falta de dinheiro. Mas sabe duma coisa? Eu não me importava. Eu queria estar perto da pessoa que eu amava. Com amor, nós conseguimos superar os desafios. Arranjei um trabalho de doméstica e meu esposo arranjou serviço como pedreiro. Graças a Deus, tivemos ajuda de algumas pessoas nesse caminho. São anjos que a providência usa para nos ajudar. Com a estabilidade financeira, podemos finalmente planejar nossa família. Tive três lindos filhos e fiz questão de ensinar os valores da honestidade. Mas ainda era pouco. Eles cresceram, ganharam novos rumos e não me esqueceram. Faça dessa forma também com sua mãe. Seja grata pelo esforço dela.

Maria

Eu amo minha mãe. Ela sempre será a pessoa mais importante da minha vida. Apesar da distância, não vou esquecê-la. Sempre a visitarei nas férias. Tudo o que ela me ensinou reverbera no meu ser. Nós somos parte uma da outra. Assim que eu crescer na escala profissional e realizar meus sonhos, eu também vou poder realizar os sonhos dela. Essa foi a promessa que eu fiz.

Mulher

É uma linda atitude. Parabéns! Você já tem minha admiração. Agora, vamos para o ônibus. Chegou a hora da viagem começar.

Maria

Bem lembrado! Que Deus nos abençoe nessa jornada.

Filha da fé 5

No ônibus

Filha

Moço, sabe me dizer se a viagem é muito longa?

Rapaz

Aproximadamente três dias com pequenas paradas pontuais. No caminho, conheceremos muitas localidades e veremos paisagens incríveis. Com certeza, é uma viagem que vale muito a pena.

Filha

Que maneiro. É a minha primeira viagem longa. Acho que vou gostar.

Moço

Com certeza. De onde você é e o que busca em são Paulo?

Filha

Venho do sítio esperança. Estou indo para são Paulo em busca dos meus sonhos. Eu quero estudar e cursar uma faculdade. Eu quero através dos estudos melhorar de vida e realizar os sonhos da minha mãe. Nós somos uma família bem humilde do sertão nordestino.

Moço

Que belo depoimento. Isso me inspira. Também sou humilde. Sou do litoral pernambucano e vou para são Paulo para poder trabalhar. Quero melhorar de vida e quem sabe até casar. Parece que temos objetivos parecidos.

Filha

Verdade. Isso é muito bom. É bacana encontrar no caminho pessoas com vibrações mentais parecidas com as nossas. Isso provoca uma sensação de aconchego e tranquilidade.

Moço

Então. Você já teve namorado?

Filha

Tive três namorados. Em cada um desses relacionamentos, teve pontos positivos e negativos, mas nenhum deles prosperou. Eu fiquei um pouco desiludida com o amor. Então decidi focar somente no campo profissional.

Moço

Entendo. Também tive experiências ruins em relacionamentos. Mas acho que devemos sempre estar abertos para as novidades. Não devemos julgar ninguém pelas atitudes de outras pessoas. Absolutamente, ninguém é igual a ninguém. Cada um de nós carrega uma história digna de ser contada. Também creio na felicidade. Todos nós nascemos com uma missão. Essa missão é ser feliz de qualquer maneira.

Filhas

Belas palavras, mas contrastam com uma realidade cruel. Hoje em dia, a luxúria tomou conta do homem. As pessoas preferem sexo casual a terem compromisso. Preferem o dinheiro do que um sentimento verdadeiro. Preferem aparência ao invés de valores. Estamos vivendo num mundo onde ter é melhor do que ser. Atualmente, é mais fácil trair e mentir do que ser honesto. O mundo está quase perdido.

Moço

Tudo isso é verdade, mas não vamos generalizar. Há ainda homens de bem. Sem falsa modéstia, eu sou um deles. Confesso que você é uma mulher que me agrada em todos os aspectos. Não estamos juntos, nesse momento, por acaso. Acho que foi a providência divina. Cabe a nós nos dar uma chance.

Filha

Também gostei de você. Mas devemos ir com muita calma. Tudo ainda é muito recente. Acredito que o amor seja uma construção e esse é o nosso ponto inicial. Vamos manter sempre contato. Quem sabe no futuro construímos algo significativo.

Moço

Concordo com você. Eu vou te dar meu contato e assim poderemos nos conhecer melhor. Que Deus nos abençoe.

Filha

Que ele te ouça. O que mais quero é ser feliz.

Chegada na casa do tio-sala

Filha

Acabo de chegar do Nordeste, tio. Quero dizer que estou muito agradecida por esta oportunidade.

Tio

Agradeça mesmo. Não é qualquer um que abre as portas de sua casa para estranhos. É uma situação um pouco incômoda, pois estou separado e as pessoas são bem maldosas.

Filha

Estranha? É assim que me recebes?

Tio

Não é nada contra você, sobrinha. É uma maneira de falar. Estamos afastados há vinte anos e desde então não convivemos. Você está se aproveitando da minha boa vontade para prosperar. Espero que seja grata.

Filha

Sem dúvidas. Você tem razão. Somos apenas estranhos. Prometo que não vou dar trabalho para o senhor. Espero arranjar emprego o mais rápido possível e ter minha própria casa.

Tio

Nesse dia eu vou soltar fogos de felicidade. O que mais gosto é ter minha privacidade e estou abdicando desse direito por você. Pense sempre nisso.

Filha

O que devo fazer? Precisa de alguma ajuda?

Tio

Muito bem. Gosto de pessoas dispostas. Vá lavar o banheiro e preparar o jantar. Quero serviço bem feito.

Filha

Está bem, tio. Vou fazer isso agora mesmo.

Banheiro

Filha

Velho maldito. Já vi que meus dias não serão fáceis. Por que tenho que passar isso, meu Deus? Se eu tivesse condições financeiras, eu não me humilharia tanto. Tenho que ser bastante paciente. Acho que devo encarar isso como uma prova dentre as tantas que tenho vivido. Como diz o ditado, "Deus escreve certo por linhas tortas". Tenho certeza que o dia da minha vitória chegará.

Filha

Terminei esta tarefa. Agora vou para a cozinha preparar o jantar.

Cozinha

Agradeço à minha santa Mãe por ter me ensinado cozinhar. Estou preparando para meu tio uma receita regional. Tenho certeza que ele irá adorar. Ele não merece, mas eu tenho que agradar o anfitrião.

Comendo

A comida ficou realmente deliciosa. Estou orgulhosa de mim mesmo. Vou reabastecer minhas forças e sair. Preciso conhecer um pouco da cidade.

Sala

Filha

Concluí minhas tarefas. Agora vou encontrar meu namorado.

Tio

Está bem. Volte cedo. No máximo dez horas da noite. Eu preciso dormir para trabalhar amanhã.

Filha

Está certo. Prometo que virei logo. Uma ótima noite!

Tio

Boa noite para você também.

Filha da fé 6

Noite com o namorado- restaurante

Maria

Muito bonito da sua parte ter me convidado. É uma ótima chance para nos conhecermos melhor.

Moço

É uma grande honra. Eu tinha prometido manter contato. Eu sou um homem que cumpre sua palavra.

Maria

Que bom. Essa foi uma das suas qualidades que me despertou a atenção. Isso é tão raro hoje em dia.

Moço

Obrigado pelo elogio. Agora me conte. Como está sua adaptação?

Maria

Esse é o primeiro dia. Eu me sinto feliz apesar de todas as dificuldades. No caminho até aqui, tive oportunidade de ver paisagens incríveis. O gigantismo da cidade me impressiona e me dá medo. Ainda bem que tenho sua amizade.

Moço

Fico lisonjeado com sua consideração. Podemos avançar nesse projeto de vida e estreitar laços sentimentais. Você me chamou a atenção desde a primeira vez que a vi. Sua simplicidade e sua inocência lhe tornam uma mulher única. Não encontrarei nenhuma mulher parecida aqui em são Paulo. Por isso quero investir nesse relacionamento.

Maria

Ainda bem que te encontrei. Esse é o melhor momento da minha vida. É meu momento de luta em busca de meus sonhos. Sinceramente, desejo que alguém faça parte deste processo. Alguém que me incentive e que acredite em mim. Que me defenda da maldade do mundo. Enfim, que seja meu companheiro em todas as horas.

Moço

Será um grande prazer fazer parte desta história. De antemão, já tem toda minha admiração. Você é corajosa e sonhadora. Preciso de alguém com essas qualidades.

Maria

Muito obrigada. Vamos nos divertir um pouco?

Moço

Boa ideia. Vamos dançar ao som desta linda música.

Maria

Preciso voltar para casa. Meu tio está esperando.

Moço

Está bem. Uma ótima noite para você.

Maria

Desejo o mesmo para você. A noite foi encantadora. Depois combinamos um outro encontro. A partir de amanhã, vou procurar trabalho e me matricular na faculdade.

Moço

Muito bem. Siga em frente. Estarei torcendo pelo seu sucesso.

Maria

Obrigada. Até logo!

Moço

Até outro dia.

Agência de viagens

Atendente

Bom dia, querida. O que deseja?

Maria

Vim fazer meu cadastro. Quero arranjar meu primeiro trabalho.

Atendente

Poderia me dizer seu nome, sua escolaridade e em que área quer atuar?

Maria

Meu nome é Maria. Terminei o colegial. Quero trabalhar em qualquer área. Acho que todo emprego é digno.

Atendente

Qualquer área? Meu Deus! Você está sonhando, garota? Pessoas de sua cor e escolaridade só conseguem serviços subalternos. Ponha-se no seu lugar.

Maria

Sou sim uma sonhadora. Eu acredito no meu potencial e sei que posso superar todos os preconceitos. Eu ainda vou surpreender.

Atendente

Só se você reencarnar várias vezes. O mundo permanecerá preconceituoso e tentará impedir seu sucesso. Vamos ser mais racionais. Eu tenho vagas como faxineira, doméstica, copeira entre outros. Vamos começar por aí?

Maria

Tudo bem. Como disse, não tenho medo de trabalho. Eu quero ganhar algum dinheiro.

Atendente

Que bom ouvir isso. Existe um empregador com vagas. Está disposta a fazer uma entrevista?

Maria

Claro que sim. Só é me dar endereço, datas e horários disponíveis.

Atendente

Tudo bem. Compareça à avenida paulista, edifício das provas, apartamento 50, terceiro andar. O encontro será hoje, às duas da tarde.

Maria

Obrigado pelas informações e atendimento. Já estou indo para lá.

Sala de escritório

Patroa

Quer dizer que você é a nova candidata ao emprego?

Maria

Sou eu mesma. Pode confiar em mim. Eu sou uma ótima profissional. Tenho bastante honra. Eu vim do nordeste do país.

Patroa

Que bom. É seu primeiro emprego?

Maria

Sim. É meu primeiro emprego formal. Antes, eu trabalhava como agricultora.

Patroa

Tem disponibilidade de horário?

Maria

Sim. Posso trabalhar em tempo integral, seis dias por semana. Quero folgar na noite pois quero cursar faculdade. No domingo, quero encontrar meu namorado.

Patroa

Sem problemas. Você me aparenta ser uma boa mulher. Pagamos

o salário mínimo para funções como a sua. Exigimos dedicação, assiduidade e compromisso.

Maria

Ainda não tenho experiência, mas pode esperar de mim um trabalho de alta qualidade. Eu preciso de trabalho para poder fazer a faculdade.

Patroa

Que bacana. Que faculdade vai cursar?

Maria

Vou me inscrever na faculdade de direito.

Patroa

Isso me parece até brincadeira. Uma mulher negra querendo fazer direito. Mas gosto disso. Você é ambiciosa e audaciosa. Tem o perfil para o trabalho. Você está contratada.

Maria

Meu Deus! Que emoção! Eu não sei como agradecer. Neste instante, passa um filme na minha mente. As humilhações e dificuldades que passei foram muitas. Isso é simplesmente fantástico.

Patroa

Calma. Ainda você não chegou lá. É apenas um emprego de doméstica. Entretanto, não se preocupe. Você é bastante jovem e pode crescer. Vejo na minha frente uma mulher decidida a vencer. Eu vou incentivá-la.

Maria

Muito obrigada. Quando começo?

Patroa

Amanhã mesmo pela manhã. Venha limpa e bem vestida. A primeira impressão é a que fica.

Maria

Está bem. Até amanhã.

Patroa

Até logo.

Filha da fé 7

No trabalho

Cantada do marido

Patrão

O que você fez hoje, garota?

Maria

Fiz todos os trabalhos domésticos. Lavei, passei, cozinhei, cuidei dos animais, cuidei do jardim e ainda fiz companhia a patroa. Acho que já fiz bastante coisa.

Patrão

Qual é seu nome? Você tem certeza que já fez o bastante?

Maria

Meu nome é maria e sou do nordeste do país. O que o senhor quer dizer com isso?

Patrão

Você é muito bonita. Eu também preciso dos seus préstimos. Eu me sinto sozinho e desamparado. Minha mulher só pensa em trabalho e me deixa sozinho. Você não sabe o que eu sofro. Por favor, me ajude e me dê um pouco de carinho.

Maria

Não tenho responsabilidade com você. Minha obrigação é fazer os trabalhos domésticos. Além do mais, eu tenho compromisso. Eu estou num namoro.

Patrão

Quer dizer que você se nega a me ajudar? Tudo bem. Então não tenho escolha. Vou denunciá-la por roubo.

Maria

Como é que é? Como tem a petulância de me ofender dessa maneira? Eu nunca roubei nada de ninguém. Sou uma mulher honesta.

Patrão

Eu tenho todas as provas. Coloquei um anel de brilhantes em sua bolsa. Basta eu ir na delegacia e denunciá-la.

Maria

Você seria capaz de fazer uma coisa dessas?

Patrão

Menina tola! Eu sou capaz de coisas piores. Mas vou te dar uma chance. Eu esqueço que você me rejeitou se você mudar de opinião.

Garanto que nosso relacionamento será sigiloso. Ninguém vai saber. Você pode continuar com seu namorado. Meu único interesse é sexo. Quero possuir seu corpo maravilhoso.

Maria

Não tenho outra alternativa a não ser aceitar. Se eu for presa ou perder meu emprego, meus sonhos desmoronam. Eu preciso continuar lutando para poder mudar de vida. Que Deus te perdoe.

Patrão

Não preciso de perdão de ninguém. Nossos encontros serão na volta da faculdade, uma vez por semana. Esperarei você próximo do edifício e vamos para o motel. Acredite: Você vai gostar muito dos meus carinhos.

Maria

Monstro! Eu me sinto suja com tudo isso.

Patrão

Não seja rebelde! Você não quer ser uma grande mulher? Precisa passar pelas dificuldades da vida. Juro que se você conseguir, eu mesmo vou te aplaudir.

Maria

Vou me esforçar muito para que você aplauda. Eu tenho certeza que vou superar tudo isso. Você será apenas uma mancha no meu passado que ninguém vai saber.

Patrão

Ou serei uma boa lembrança. Nunca se sabe. Às vezes o que parece ruim pode se tornar bom.

Maria

É o que veremos. Vou para escola. Eu já terminei meus trabalhos.

Patrão

Vá em paz. Eu te encontro na saída. Hoje é nosso primeiro encontro. Não conte a ninguém ou você é uma mulher morta.

Maria

Pode ficar tranquilo. Ninguém vai saber.

Escola

Atendente
Boa noite. O que deseja, senhorita?
Maria
Gostaria de cursar direito. Como é o processo de seleção?
Atendente
O aluno faz um cadastro e faz uma prova de admissão. Devo lembrar que somos uma escola particular. Tem certeza do que disse? Os valores da mensalidade são bem altos.
Maria
Qual é o custo?
Atendente
O valor da mensalidade é dois salários mínimos. O que me diz?
Maria
Não posso pagar. Eu precisaria duns oitenta por cento de desconto para poder cursar.
Atendente
Por que faríamos isso?
Maria
Eu peço que tenham piedade. Eu estou desesperada. Eu sou uma moça nordestina que veio para são Paulo fugindo da seca e em busca de meus sonhos. Eu preciso duma chance. Eu preciso de alguém que aposte em mim. Eu preciso de alguém que tenha humanidade e me ajude. Eu não tenho outra chance se não for essa.
Atendente
Eu sou o diretor do curso. Podemos abrir uma exceção só se você for uma aluna excepcional. Disponibilizarei três bolsas de estudo com desconto de oitenta por cento para as melhores notas. Eu vou inscrevê-la para prova. Quero ver do que você é capaz.
Maria
Sou grata por essa chance. Prometo que não vai se arrepender. Quando será a prova?
Atendente
Daqui um mês. Boa sorte para você.

Maria
Muito obrigada. Vou precisar.

Um Mês depois

escola
Chegou o dia da prova. Espero que eu tenha boa sorte.
Sala
Namorado
E aí? Como foi a prova?
Maria
Foram quarenta questões versando sobre disciplinas do ensino médio. Eu me senti bastante confortável, confiante e tranquila. Acho que fui bem.
Namorado
Que bom. Quando sai o resultado?
Maria
Daqui a vinte dias. Até lá, terei que controlar minha grande ansiedade. O que me assustou foi a grande concorrência. Eram mais de cinco mil candidatos concorrendo à bolsa de estudos.
Namorado
Meu Deus! Eram muitos concorrentes. Mas não se preocupe. Você já é uma grande vencedora.
Maria
Sim, eu me sinto vitoriosa. Agora, vou continuar com minha rotina. Depois te informo o resultado.
Namorado
Estarei torcendo por você, amor. Toda sorte para ti.
Maria
Muito obrigada. Eu te amo.
Namorado
Também te amo.

Filha da fé 8

Com o namorado

Maria

Amor, acabei de saber uma notícia maravilhosa. Ganhei a bolsa de estudos. Eu consegui dar o primeiro passo nos meus sonhos. Vou cursar a faculdade de direito!

Nam

Parabéns! Eu sempre soube da sua capacidade. Estarei junto com você, amor.

Maria

Muito obrigada. Sua companhia é muito importante para mim. Com você, me sinto completa.

Namorar

Eu também te adoro. Quanto mais o tempo passa, descobrimos mais coisas em comum. Foi uma benção ter te conhecido.

Maria

Está sendo uma experiência incrível. Tomara que nosso relacionamento dê frutos. Isso realmente mudou minha vida.

Nam

A minha vida também foi transformada. Vamos seguir juntos.

Primeiro dia de aula

Professor

Bem-vindos ao curso de direito. Eu me chamo Catherine. Sou a professora de direito constitucional. Gostaria de dizer que estou muito feliz com a presença de vocês todos. Se estão aqui, é porque são vencedores.

Maria

Obrigada, professora. Você não sabe que grande emoção estou sentindo aqui. Eu fui agricultora e vim do nordeste do país em busca de meu sonho. Chegando aqui, encontrei um mundo totalmente diferente do que eu imaginava. Eu tive que me adaptar, arranjei um trabalho e estou iniciando a faculdade. Cada conquista é muito importante para mim. Apesar de minha trajetória estar apenas no início, eu já me sinto vencedora.

Professor

Você é a prova de que nosso ensino está sendo democratizado. Anteriormente, negros e mulheres não faziam parte do mundo acadêmico. Isso é uma herança perversa duma sociedade totalmente elitizada. Isso se refere a todas as áreas.

Maria

Já não era sem tempo. Espero permanecer lutando pelos meus sonhos.

Aluna

Eu acho isso totalmente sem noção. Para mim, lugar de negro é na cozinha. Não se pode mudar este estigma em tão pouco tempo.

Professor

Isso é preconceituoso de sua parte. Nós podemos mudar esta história ainda que gradativamente. O importante é deixar nossa colega à vontade. Ela precisa acreditar em seus sonhos. Isso é muito louvável.

Aluna]

Tem razão. Perdoe-me, Maria, você tem todo nosso apoio.

Maria

Muito obrigada. Eu vou me esforçar muito. Vocês vão fazer parte duma história linda.

Professor

Assim seja. Agora, vamos iniciar a aula.

Expulsão de casa

Tio

Aonde você estava, sua rapariga? Você me deixou esperando a noite toda.

Maria

Perdoe-me, tio. Eu perdi a hora conversando com meu namorado. Prometo que isso não vai se repetir.

Tio

claro que não vai se repetir. Pode arrumar suas coisas e ir embora. Não aguento mais ver você por aqui.

Maria

Meu Deus! O que será de mim? Não tenho para onde ir.

Tio

Vá para casa do seu namorado ou para casa de quem quiser. Aqui você não tem mais espaço. Acabou a mamata.

Maria

Está bem. Obrigado pela hospitalidade. Não guardo mágoa.

Tio

Ainda bem. Boa sorte em seus projetos. Estarei torcendo por você.

Maria

Muito obrigada! Fique em paz, tio!

Casa do namorado

Maria

Fui expulsa de casa. Você pode me ajudar?

Nam

Claro, meu amor. Fique à vontade. Eu só não esperava que fosse tão rápido.

Maria

Pois é. Isso são surpresas que a vida nos prega. Vamos tentar viver como marido e mulher?

Nam

Eu topo! Deve haver algum motivo pelo qual a vida nos uniu. Vamos tentar viver essa união. Eu tenho certeza que estamos no caminho certo.

Maria

Tomara! Que Deus nos abençoe.

Encontro com o patrão

Maria

Eu queria dizer que tudo acabou. Não quero mais ser sua amante.

Pat

Por que? Estávamos nos dando tão bem.

Maria

Eu estou morando com outro homem e preciso respeitá-lo. Eu vou ser fiel custe o que custar.

Pat

Você já sabe o resultado. Está demitida. Pode procurar outro trabalho.

Maria

Sem problemas. O que não posso é permanecer desse jeito. Isso não vai me derrubar.

Pat

Boa sorte para você. O caminho da rua é serventia da casa.

Casa do namorado

Maria

Acabei de perder o emprego. Acho que vou ter que deixar a faculdade.

Nam

Nem pensar. Enquanto você não consegue um novo emprego, eu te ajudarei. É para isso que servem os esposos. Para se apoiarem nos momentos difíceis.

Maria

Estou muito agradecida. Prometo que não vou me acomodar. Vou falar com o diretor do curso. Quem sabe ele não me dá algum apoio.

Nam

Boa ideia. Ainda que não consiga, não desista. Existem muitos empregos em são Paulo. Uma destas oportunidades pode ser sua. Vamos lutar juntos.

Maria

Muito obrigada. Eu não sei o que seria de mim sem seu apoio. Você é um homem espetacular.

Nam

Você que é maravilhosa. Estou muito feliz em morar com você. Aos poucos, vamos crescendo juntos. A união é que faz a força.

Maria

Meu querido presente de Deus, eu vou recompensá-lo quando eu for uma grande mulher. Eu realizarei todos seus sonhos.

Nam

Amém. Que Deus te ouça.

Filha da fé 9
Encontro com o diretor

Diretor

Muito bem. Posso saber qual é o motivo desta reunião?

Maria

Eu quero pedir algum apoio. Eu estou sem trabalho e preciso duma orientação.

Diretor

Qual é sua experiência laboral?

Maria

Trabalhei como agricultora e doméstica. Mas estou cursando a faculdade de direito. Creio que tenho capacidade de trabalhar em qualquer coisa.

Diretor

Muito interessante. Você me parece uma jovem esforçada. Acho que tenho uma vaga na secretaria de faculdade. Você quer o emprego?

Maria

Adoraria. Eu preciso de dinheiro para custear a faculdade. Não sei como te agradecer.

Diretor

Não precisa agradecer. Apenas trabalhe com afinco. Pagamos apenas um salário mínimo. Então acho que isso ajudará de alguma forma.

Maria

É uma grande ajuda. Prometo não decepcionar.

Diretor

Meu conselho é que continue estudando. Faça concursos públicos. O salário é bem melhor.

Maria

Eu anotei mentalmente e vou seguir seu conselho. Preciso vencer de qualquer forma. Preciso superar a pobreza com meus próprios esforços. Eu mereço.

Diretor
Boa sorte em seus projetos. Vou trabalhar agora. Até outro dia.
Maria
Até logo!
Trabalho na secretaria
Maria
Bom dia. Vim exercer meu cargo. Qual é seu nome?
Helena
Meu nome é Helena e sou chefe da repartição. Não sabia que tínhamos uma nova funcionária. Quem te contratou?
Maria
O diretor da faculdade.
Helena
Meu Deus. Onde ele estava com a cabeça? Esta repartição é um órgão sério. Não vejo você com os requisitos do cargo.
Maria
Por que isso? Por que sou negra? Qual é o problema?
Helena
Entenda que não é uma perseguição. Mas precisamos manter as tradições. Os negros não são bem-vindos aqui.
Maria
Captei o recado. Vou embora agora mesmo. Mas o mundo dá muitas voltas. Eu vou superar isso.
Helena
Desejo o melhor para você. Vá em paz!
Encontro com o namorado
Maria
Meu amor, estou desolada. Eu não dou certo em nenhum emprego. Todos me rejeitam.
Nam
Muita calma nessa hora. Ainda não é o fim do mundo. Você vai conseguir superar.
Maria
Qual é sua sugestão?

Nam

Você tem uma boa escolaridade. Tente os concursos públicos.

Maria

Você é a segunda pessoa que me diz isso. Acho que vou me dedicar mais. Com certeza é a melhor alternativa.

Nam

Pois é. Como bom marido, eu vou te apoiar nas suas decisões.

Maria

Muito obrigada. Você é meu pedaço de céu. Não sei o que faria sem você.

Nam

Eu também te amo. Vamos seguir com os projetos em frente.

Biblioteca

narrador

Maria começou a estudar para concursos públicos. Diante dela, estava a oportunidade duma melhoria financeira. O concurso público era democrático. Exerceria o cargo público aquele que tivesse mais capacidade.

Com tempo de sobra, começou a se dedicar de corpo e alma a este projeto. Sua boa base escolar lhe ajudava bastante. Com isso, ela foi consumida os conteúdos didáticos. Com um ano de preparação, ela já participara de dez concursos públicos. Foi aprovada em todos os certames. Restava agora ser convocada para começar a trabalhar.

Com o marido

Maria

Meu amor, acabo de ser convocada para o cargo dos meus sonhos. Eu vou ser oficial de justiça.

Nam

Que maravilha! Parabéns! Eu não disse que valia a pena?

Maria

Você tinha toda razão. Agora sou uma mulher independente. Vou ganhar cinco salário mínimos.

Nam

É um ótimo começo. Só é não se acomodar. Você pode crescer ainda mais.

Maria

Verdade. Meu sonho é ser juíza. Quero aplicar o direito a favor das minorias. Eu sinto que é minha missão.

Nam

Então siga em frente. Parabéns mais uma vez.

Maria

Vou tomar posse e começar a trabalhar. Eu preciso de dinheiro.

Nam

Vá com Deus!

Tomando posse

Mentor

Com esta autorização, você já pode exercer o cargo. Parabéns!

Maria

Isso é um marco na minha vida. Estou deixando a miséria e começando uma nova fase. Neste momento, é como se um filme passasse na minha mente. É tão gratificante saber que essa conquista é fruto dos meus esforços.

Mentor

Imagino como dever ter sido difícil. Parabéns pelo feito. Que você sirva de exemplo para todas as mulheres negras do nosso país. É preciso acreditar em seus sonhos.

Maria

Sim. Vou continuar acreditando em meus sonhos. Eu ainda vou mais longe. Pode crer nisso.

Mentor

Eu não duvido. Muita paz, sucesso, saúde e felicidade em sua vida!

Maria

Muito obrigada. Você é muito gentil.

No trabalho

Maria
Bom dia, sou a nova funcionária da repartição. Tudo bem?
Chefe
Tudo certo. Seja bem-vinda. Sou o chefe do setor. O que precisar de mim, estou à disposição.
Maria
Obrigada.
Chefe
Quais são suas qualificações?
Maria
Eu estou cursando direito.
Chefe
Muito bem. Você escolheu o curso certo. Com a experiência no trabalho, você será capaz de crescer ainda mais. Nós temos uma equipe muito boa e competente. Vamos acompanha-la em seu processo de adaptação.
Maria
Agradeço por isso. Aqui começa uma nova história.

Filha da fé episódio 10

Cerimônia de posse
Mestre de cerimônia
Hoje você se torna juíza. Tem algo a dizer?
maria
Hoje é um dia de alegria. É o dia de minha posse como juíza. É a concretização duma meta perseguida por anos. Não sei exatamente dizer como me sinto. Eu só sei que é uma sensação muito boa. Eu conseguir superar as barreiras da pobreza e do preconceito. Eu me tornei uma das poucas mulheres negras bem-sucedidas. Eu me sinto orgulhosa de meu esforço e espero que isso sirva de exemplo para toda a comunidade brasileira. Continuem em busca de seus objetivos. Se eu consegui êxito, vocês também podem alcançar. Basta lutar e acreditar.
Mestre de cerimônia

Parabéns! Você é merecedora. Ainda como aluna na faculdade de direito, você mostrou do que era capaz. Tenho orgulho de ter acompanhado sua trajetória vencedora e lhe digo para continuar se especializando. Você é um ser sem limites. Poderia falar sua primeira profissão ao público?

Maria

Eu fui agricultora. Também trabalhei em outras profissões braçais. Eu tenho muito orgulho da minha história e de onde vim. Eu sou uma nordestina arretada que superou as dificuldades.

Mestre

Qual é o segredo do sucesso?

Maria

Minha força de vontade e o apoio de meu marido. Com certeza, ele foi a minha melhor conquista.

Marido

Muito obrigado, mulher. Você também é uma ótima companheira. Desde que te conheci, meu mundo é colorido. Não te troco por dinheiro ou qualquer outro bem.

Maria

Eu também te amo. Eu estou muito emocionada com tudo isso. Deus escutou minhas preces.

Marido

Você é merecedora. É uma mulher muito guerreira.

Mestre

Os bons sempre vencem. Sigam o exemplo dela, meu povo. Precisamos nos espelhar em mulheres valorosas como essa.

Maria

Muito obrigada a todos. Agora preciso cumprir uma missão.

Nordeste

mãe

Minha filha, quanto tempo não a vejo. Que boas novas trazem você aqui?

Maria

Vim lhe contar que estou trabalhando como juíza. Também vim lhe apresentar meu esposo.

Esposo

É uma grande honra estar aqui com a senhora. O Nordeste é realmente um lugar encantador.

Mãe

Fico feliz por você, filha. Eu não disse que você conseguiria? Sinto muito orgulho de você.

Filha

Obrigada, minha mãe. Quer vir morar conosco? Seria uma honra.

Mãe

Quero não, filha. Eu gosto é do Nordeste. Sou broto desta terra que o mundo esqueceu. O Nordeste é cheio de culturas, lendas e vida. Temos o frevo, o maracatu, o baião, temos o carnaval, as festas juninas e tradição literária. Nós somos o coração da cultura Brasileira.

Filha

Também amo meu Nordeste. Entendo sua decisão. Mas cumprirei minha promessa. Vou realizar seus sonhos.

Mãe

Obrigada, filha da fé. Que Deus te ilumine em seu caminho.

Filha

Eu só queria um mundo mais justo. Um mundo em que as pessoas não fossem julgadas pela sua raça, orientação sexual, religião, gênero ou qualquer outra particularidade. Nós somos todos iguais.

Marido

É um pouco utópico isso, amor. O mundo sempre será desigual. Mas você pode fazer a diferença através de suas ações.

Filha

Tem razão. Prometo que vou me esforçar. Eu julgarei com justiça possibilitando que muitas pessoas tenham seus pedidos atendidos. Eu vou contribuir para um mundo melhor.

Mãe

Felicidades, filha. Sua história é inspiradora.

Final

www.ingramcontent.com/pod-product-compliance
Lightning Source LLC
LaVergne TN
LVHW020443080526
838202LV00055B/5328